"Muitas pessoas irão entrar e sair de nossas vidas, mas apenas os verdadeiros amigos deixarão pegadas em nosso coração."

Eleanor Roosevelt

De: _____

Para: _____

2006, Editora Fundamento Educacional Ltda.

Editor e edição de texto: Editora Fundamento
Capa e editoração eletrônica: Commcepta Design
CTP e impressão: Sociedade Vicente Pallotti

Dados Internacionais de Catalogação na Publicação (CIP)
(Câmara Brasileira do Livro, SP, Brasil)

Soresini, Marilene
  Para uma amiga de verdade / Marilene Soresini – São Paulo – SP :
Editora Fundamento Educacional, 2006.

  1. Amizade – Citações, máximas etc. 2. Literatura brasileira I. Título.

06-4249   CDD-869.9802

Índices para catálogo sistemático:
1. Amizade : Citações : Literatura brasileira 869.9802

Fundação Biblioteca Nacional

Depósito legal na Biblioteca Nacional, conforme Decreto n.º 1.825, de dezembro de 1907.
Todos os direitos reservados no Brasil por Editora Fundamento Educacional Ltda.

Impresso no Brasil

Telefone: (41) 3015 9700
E-mail: info@editorafundamento.com.br
Site: www.editorafundamento.com.br

MARILENE SORESINI

Para uma Amiga de verdade

Amiga é aquela que está

sempre

ao nosso lado...

... e que tem por nós um

carinho

verdadeiro!

Uma amiga de verdade é aquela que sabe falar, sabe calar e, sobretudo, sabe

ouvir!

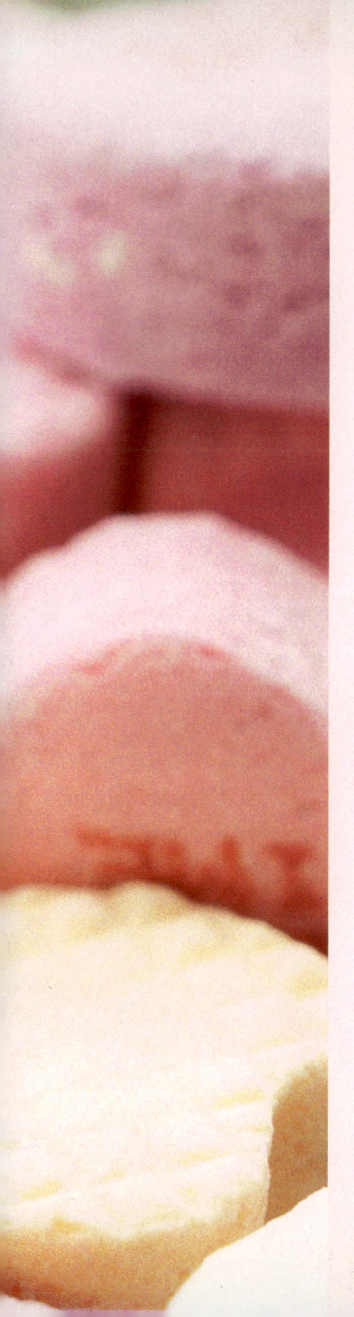

Apesar de nem sempre dizer o que queremos escutar, ela é sempre

sincera

no que diz.

Ela é sempre

solidária

conosco nas horas tristes, pois compreende o imenso vazio que sentimos quando estamos solitários...

... mas

respeita

*os momentos em que
precisamos ficar sozinhos.*

Uma amiga coloca

ternura

*na voz e no olhar
quando tem que
nos criticar.*

*E sua crítica
nos faz crescer.*

Mesmo quando não concorda com nossas escolhas e decisões, ela permanece leal e fica ao **nosso lado.**

E é capaz de nos
mostrar o rumo
quando ficamos perdidos.

Ela nos ensina tudo o que sabe,
perdoa nossas falhas e nos

apóia

nos momentos difíceis.

Se amigas de verdade ficam sem se encontrar por um tempo, não é preciso explicações.

O reencontro

por si só preenche o espaço deixado pela distância ou pelo silêncio.

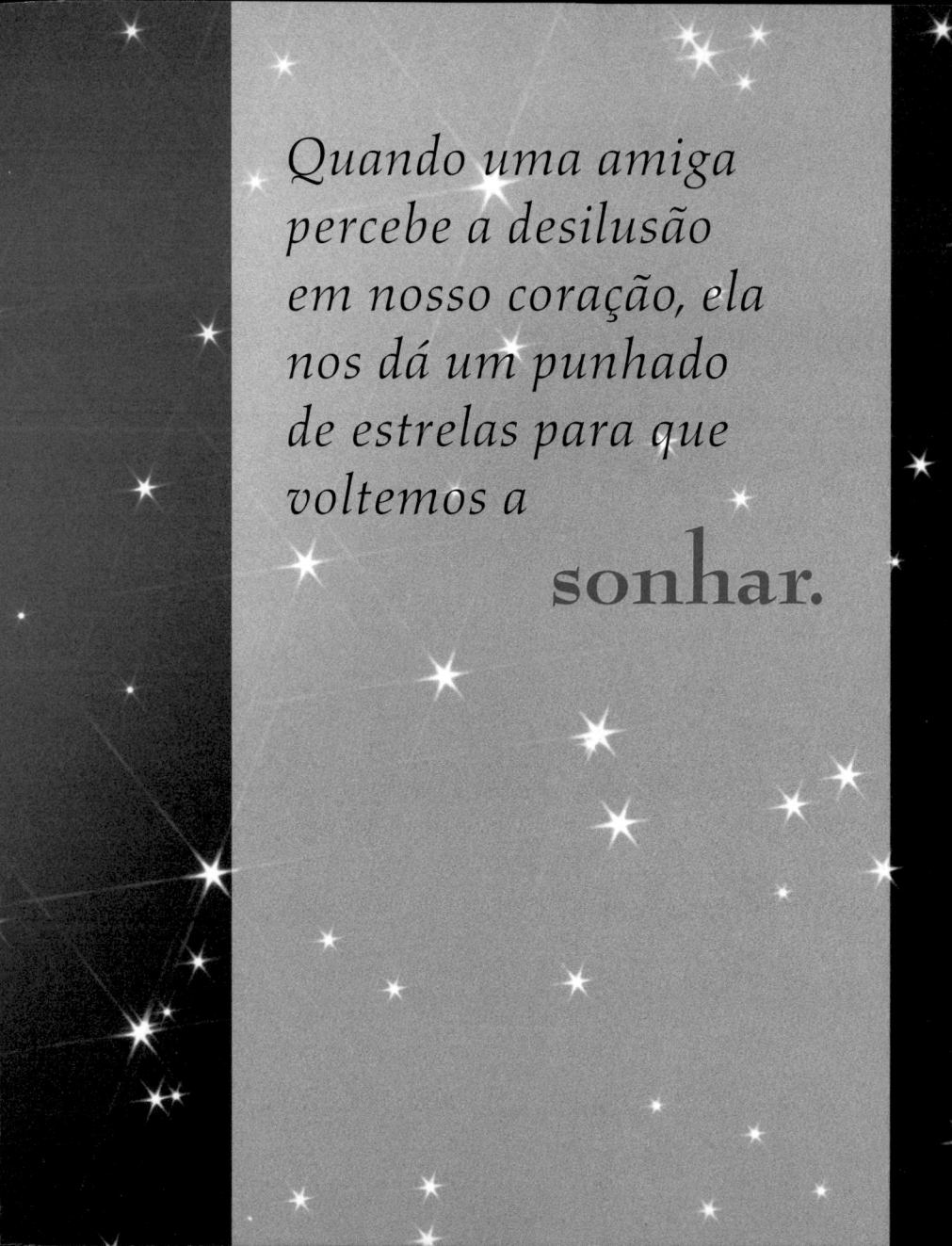

Quando uma amiga percebe a desilusão em nosso coração, ela nos dá um punhado de estrelas para que voltemos a **sonhar.**

Com ela,
partilhamos
as horas amargas, mas também podemos saborear o mel das conquistas.

Por isso, uma amizade verdadeira é algo que alimenta nossa capacidade de arriscar, de

confiar

e de começar de novo.

Amiga é aquela que ouve sem julgar,

ajuda

sem decidir por nós...

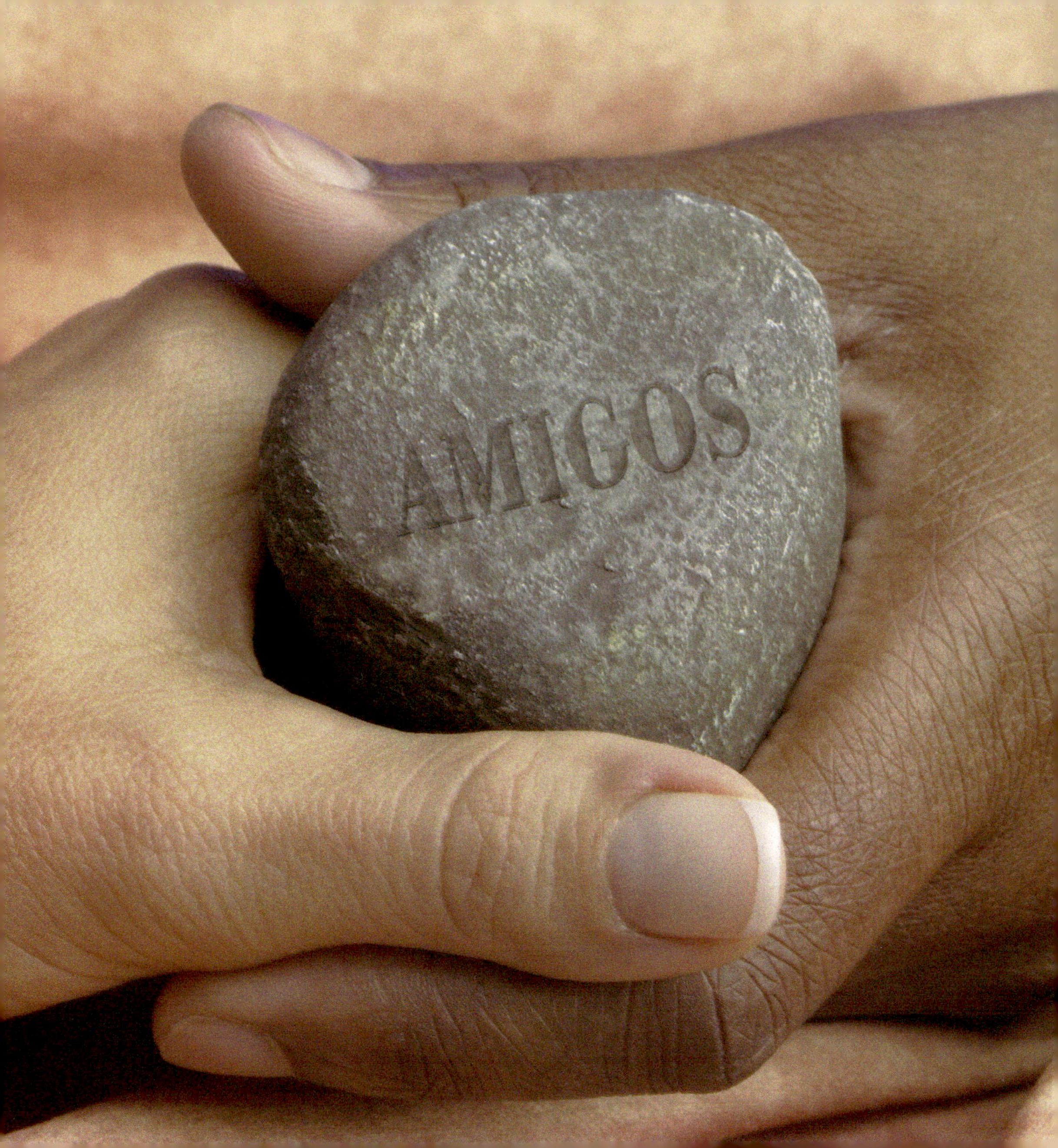
AMIGOS

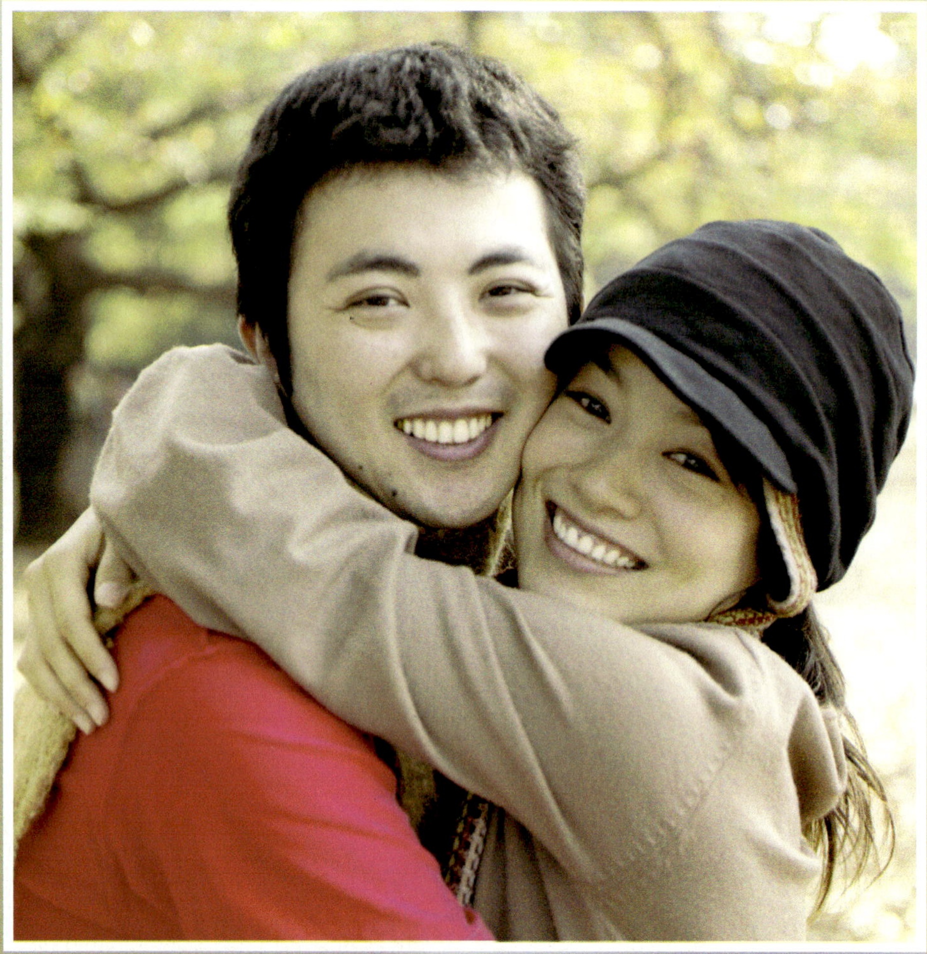

... e nos
abraça
sem nos asfixiar.

Uma amiga de verdade é um

presente

*para nos aconchegar
e nos amparar...*

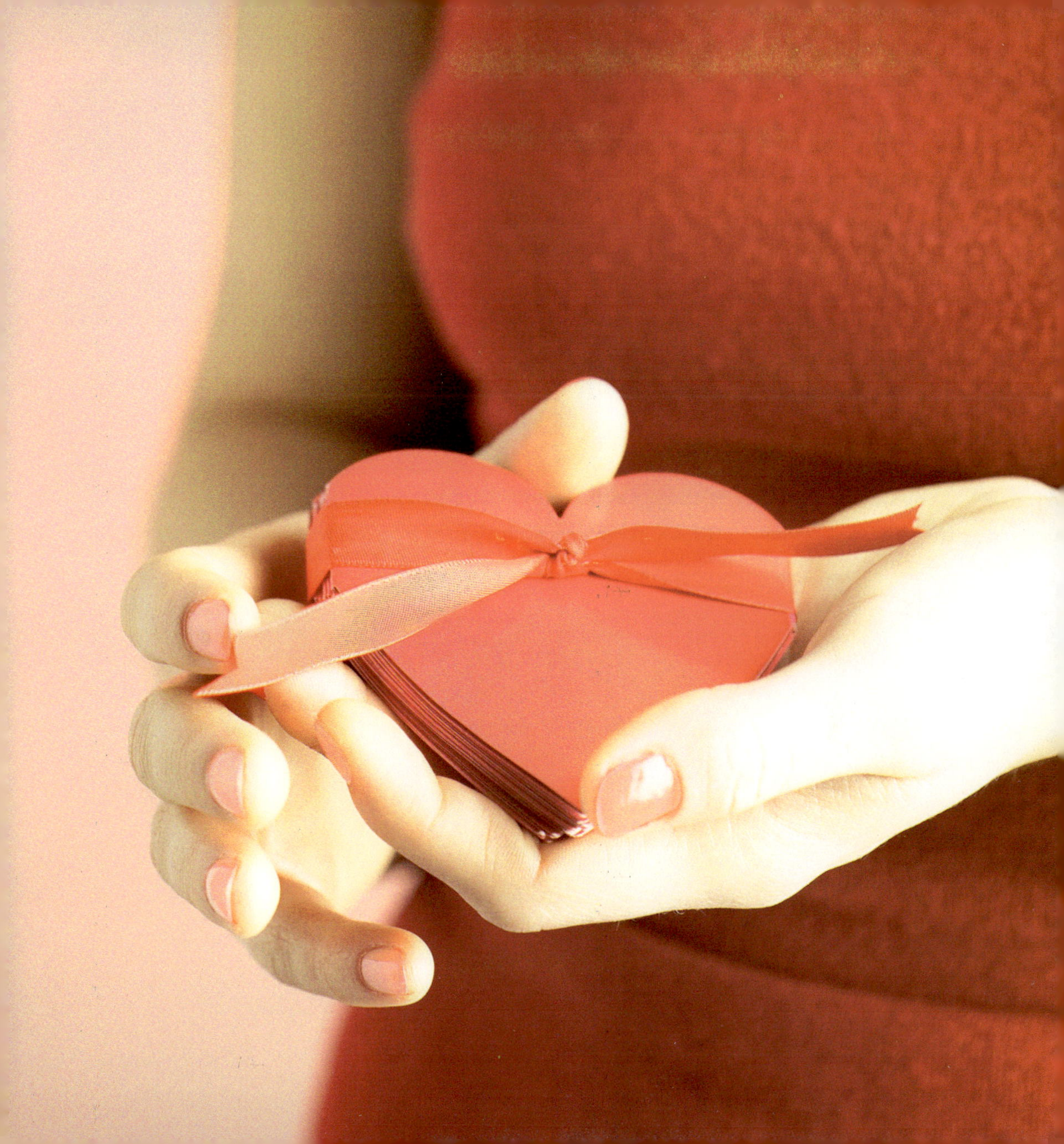

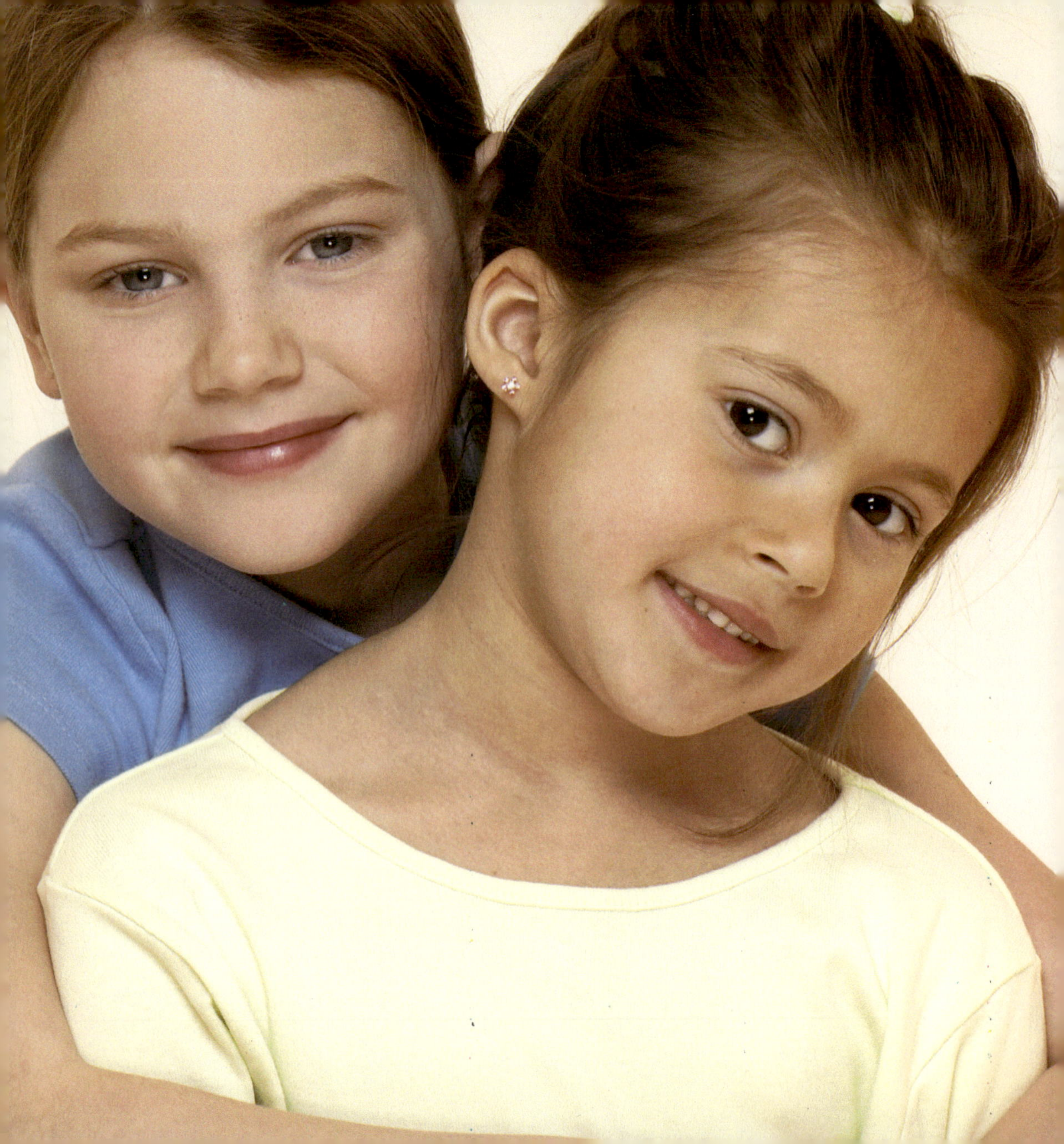

*... além de ser alguém assim
especial como*

você!

Conheça também outros livros da **Fundamento**

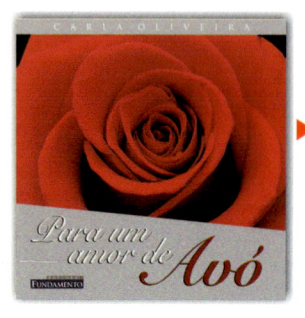

▶ **PARA UM AMOR DE AVÓ**
Carla Oliveira
Uma mensagem de amor para um amor de avó.

▶ **PARA UM AMOR DE MÃE**
Carla Oliveira
Uma mensagem de amor para um amor de mãe.

EDITORA FUNDAMENTO

www.editorafundamento.com.br
Atendimento: (41) 3015.9700

▶ **VOCÊ É MUITO IMPORTANTE**
Carla Oliveira
Um livro para alegrar a si mesmo e a quem é importante para você. Viver pode não ser tão simples, mas, com bom humor, você descobre que a vida é o nosso maior presente.

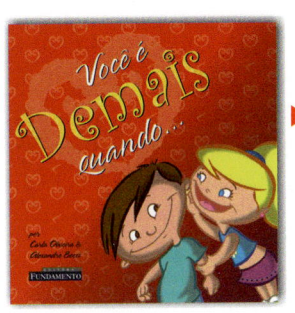

▶ **VOCÊ É DEMAIS QUANDO...**
Carla Oliveira e Alexandre Bocci
Uma alegre seleção de situações românticas para encantar pessoas especiais.

Conheça também outros livros da **Fundamento**

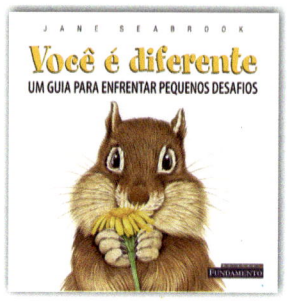

▶ **VOCÊ É DIFERENTE**
UM GUIA PARA ENFRENTAR PEQUENOS DESAFIOS
Jane Seabrok
Aprenda com a lógica dos bichos a enfrentar os pequenos desafios da vida.

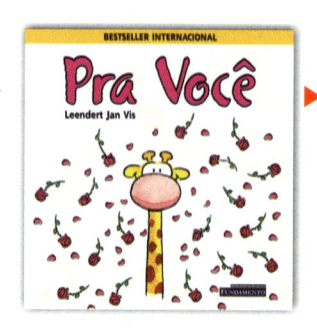

▶ **PRA VOCÊ**
Leendert Jan Vis
Um *bestseller* internacional que traz uma mensagem cativante para emocionar e conquistar você.
Pra você, um presente repleto de ilustrações que dá o seu recado de uma maneira divertida e envolvente.

EDITORA FUNDAMENTO

www.editorafundamento.com.br
Atendimento: (41) 3015.9700

▶ **VOCÊ NUNCA ESTÁ SÓ**
Antoinette Sampson
Uma notável combinação de palavras e fotos que pretende criar um sentimento especial. Um sutil lembrete de que, sejam quais forem as circunstâncias, você nunca está só.